17 ZEILEN 2017

17 ZEILEN 2017

MICHAEL VON PROLLIUS

STEFAN BLANKERTZ

(Herausgeber)

17 Zeilen 2017

FÜR DIE FREIHEIT

ORIGINALAUSGABE

Herstellung und Verlag:
BoD – Books on Demand, Norderstedt
Copyright © 2017 bei den Autoren
Alle Rechte vorbehalten

Der Umschlag zeigt ein Bild vom V. Parteitag der SED 1958 mit Walter
Ulbricht. Lizensierung: Bundesarchiv, Bild 183-57000-0139, CC-BY-SA.
Umschlaggestaltung und Gestaltung des Buchblocks von Stefan Blankertz.

ISBN 978-3-7448-3472-8

17. Juni: Auf den Volksaufstand in der *DDR* 1953 reagierte die Sowjetunion mit der Verhängung des Kriegsrechts. Aber auch: In *Frankreich* erklärte sich am 17. Juni 1789 der Dritte Stand zur Nationalversammlung und beschloss zwei Monate später die Erklärung der Menschen- und Bürgerrechte. In den *USA* kam am 17. Juni 1885 die Freiheitsstatue im Hafen von New York an. In *Island* ist der 17. Juni Nationalfeiertag, weil sich 1944 die Isländer von der Herrschaft Dänemarks befreiten.

Im wiedervereinigten Deutschland ist 2017 – 64 Jahre nach der Niederschlagung des *Volksaufstands*, 56 Jahre nach dem *Bau* und 28 Jahre nach dem *Fall* der Berliner Mauer – das politisch beherrschende Thema nicht das Eingeschlossen-Sein durch eine Diktatur, nicht der Wunsch nach Freiheit und Ausbruch *aus* und Abbruch *von* Mauern, sondern das einer Grenzsicherung angesichts des Ansturms einer so ungeheuren Menge von Menschen, dass es fraglich ist, wie sie in Deutschland ihren Platz finden *können* und ob sie das überhaupt *wollen*. Wo sind die Grenzen der Hilfsbereitschaft, wenn diese überstrapaziert zu werden droht und mitunter auch schamlos ausgenutzt wird?

Diese Frage ist so vordringlich, dass die Erinnerung an die Zeiten, in der sehr viele Deutsche sich in der Situation der Flüchtlinge und Migranten befunden haben, die uns jetzt so ängstigen: in der Zeit der DDR-Diktatur und in der Zeit davor, der ideologisch anders ausgerichteten, aber strukturell sehr ähnlichen Diktatur des Nationalsozialismus.

Die Autoren, die Michael von Prollius angesprochen hat, um

einen Beitrag für die diesjährige Aktion »17 Zeilen für die Freiheit« – es ist mittlerweile die dritte ihrer Art – zu verfassen, gingen die ihnen von uns gestellte Aufgabe inhaltlich und formal auf ganz individuelle Weise an: In der äußersten Verdichtung der Gedanken auf 17 Zeilen (oder wenigstens 17 Gedanken, die mitunter auch den Rahmen der Zeilen sprengten) sind pointierte Statements entstanden, die ein Schlaglicht auf das Panorama der liberalen Gedankenwelt werfen.

Diese Unterschiedlichkeit ist dabei selbst Programm: Das Herz liberalen Denkens ist die Kultur der Debatte und das Recht darauf, anderer Meinung zu sein. Wir hoffen, mit diesem kleinen Büchlein einen Beitrag leisten zu können, die liberale Kultur zu erhalten und zu fördern. Liberalismus – unsere Ansichten gehen (in Abwandlung eines Gedichts von Ernst Jandl) – als Freunde auseinander.

Die 17 Gedanken zu Freiheit und Grenzen sind täglich vom 1. bis 17. Juni auf der Internetseite www.tag-der-freiheit.de erschienen. Das Projekt wurde unterstützt von der Friedrich August von Hayek Gesellschaft, deren Hayek-Tage am 17. 6. 2017 in Bonn stattfanden, von Forum Freie Gesellschaft und vom Murray N. Rothbard Institut für Ideologiekritik.

Berlin im Juni 2017
Michael von Prollius
Stefan Blankertz

17 Zeilen 2017

FÜR DIE FREIHEIT

Ffd
dbg
Des
dA1
FS
Urw

WOLFGANG ALLEHOFF

Kann man Freiheit messen?

Freiheit als subjektives Lebensgefühl ist objektiv nicht einfach messbar. Trotzdem gibt es einen »Human Freedom Index«, der auf einer von 0-10 reichenden Rangskala (zehn ist das höchste Maß an Freiheit) 152 Länder (im Jahr 2012) abbildet. Hongkong führt mit 9,04 Indexpunkten die Spitzengruppe an, Iran ist mit 4,48 Punkten das Schlusslicht. Deutschland ist nicht unter den ersten 10. Ich frage mich: gibt es, ähnlich wie bei Firmenbewertungen üblich ein anzustrebendes, machbares Maximum oder sollte man nicht eher die Konstruktion eines ausgewogenen Optimums anstreben. Also eine abgestimmte Synchronisierung von a) persönlichen Freiheiten und b) wirtschaftlichen Freiheiten. Die Frage der Bewertung von Rechtsstaatlichkeit, persönlicher Sicherheit, Religionsfreiheit, Redefreiheit etc (zu a) und der Umfang des Staatshaushalts, der Schutz privater Eigentumsrechte, Geldwertstabilität etc (zu b) ist Ermessenssache. Obwohl nicht messbar, ist der Index ein guter Denkanstoß.

Due
ZZ
sluw
aww
wdw
wda

ANONYMUS

Die (schlechteste) Lösung

Da werdet ihr sehr viel und sehr gut mauern
und künftig sehr klug handeln müssen,
ehe euch diese Schmach vergessen wird.
Zerstörte Häuser reparieren, das ist leicht.
Zerstörtes Vertrauen wieder aufrichten ist sehr,
sehr schwer.
Wenn du nicht weißt
wer das geschrieben hat
am 20. Juni 1953
wer das Vertrauen von wem verscherzt hatte
wirst du nicht verstehen
wie hart das Volk darum ringen muss
das Vertrauen des Staats zurückzuerobern
wie schwer
wie sehr sehr schwer
das sein kann
am 13. August 1961 haben die Bauarbeiter
    der Deutschen Demokratischen Republik es geschafft,
    noch einfacher

D J J J

J J J J

J J J

J J J J

J J J

J J D

PHILIPP BAGUS

Viele Grenzen, viel Freiheit
Über die Kleinstaaterei

Der größte Staat, der Weltstaat, ist grenzenlos und einzig.
Je zahlreicher Staaten, desto kleiner sind sie.
Je kleiner die Staaten, desto mehr Ausweichmöglichkeiten.
Je kleiner die Staaten, desto mehr Grenzen.
Je kleiner die Staaten, desto näher die Grenze.
Je kleiner die Staaten, desto kulturell ähnlicher
    der angrenzende Staat.
Je kleiner die Staaten, desto billiger das Abstimmen
    mit den Füßen.
Je kleiner die Staaten, desto leichter entleeren sie sich.
Je kleiner die Staaten, desto intensiver der Wettbewerb.
Je kleiner die Staaten, desto niedriger die Steuern.
Je kleiner die Staaten, desto geringer die Regulierung.
Je kleiner die Staaten, desto weniger Diskriminierung.
Je kleiner die Staaten, desto spärlicher die Konflikte.
Je kleiner die Staaten, desto friedfertiger sind sie.
Je kleiner die Staaten, desto mehr Kontrolle.
Je kleiner die Staaten, desto größer die Freiheit.
Der freie Staat hat feste Eigentumsgrenzen und ist winzig.

KRISTOF BERKING

Neue Grenzen braucht die Welt
Appetithappen-ABC einer kommenden Wissenschaft

Afrika werde neugegliedert nach Völkern und Naturräumen.
Bundesländer bleiben in Deutschland nur 8 oder 10 übrig.
Canada, USA, Mexiko werden ein saturiertes Reich bilden.
Entwurzelung und Herrschaft der Heimatlosen macht unfrei.
Friede braucht Grenzen; gute Zäune machen gute Nachbarn.
Globalismus ist angloamerikanischer Nationalismus.
Israel/Palästina zwischen Meer und Jordan ist unteilbar.
Kolonialmächte sind Schuld an vielen falschen Grenzen.
Landnahme durch Moslems ist Programm – seit 1300 Jahren.
Menschen sind Teil einer Familie und eines Volkes.
Nordirland werde mit Irland vereinigt, Hauptstadt Dublin.
Ostukraine endet dort, ab wo das Wasser in den Don fließt.
Russland gehört zu Europa; Sibirien ist das Alaska Europas.
Selbstbestimmung der Völker geht vor One-World-Agenda.
Völker sind Gedanken Gottes. (Johann Gottfried Herder)
Wasserscheiden sind die besten Grenzen.
Zypern ist griechisch und gehört wiedervereinigt.

W
Z
NW
12d
dan
HuM

STEFAN BLANKERTZ

17 Zeilen aus
dem Neuen Deutschland

1957:[1] Alter Spötter Bert empfiehlt Regierung,
Volk aufzulösen sowie sich ein andres zu suchen.
Volk greift zur Selbsthilfe und sucht das Weite.
Zwischen den Schwestern im Westen und ihm
    lieg kein Meer.

1961:[2] Walter verordnet dem Volk daraufhin Hausarrest,
Niemand lässt er eine Mauer bauen.
Natürlich schützt sie vor der Subversion.
Wenn der Walter Donald heißen würde,
ließe er die Revanchisten für den Bau bezahlen.

2015:[3] Ein Politiker, alternaiv,[4] erklärt dem Volk,
dass die Mauer es zwar nicht vorm Untergang
durch Faschismus aus dem Westen schützte,
doch vor Überfremdung, die der Westen litt;
nun den glücklichen Wiedervereinigten auferlegt.

Heute: Rettend kommt dem neuen Deutschland die Idee,
um Gebiete, aus denen uns fremdes Volk zuströmt,
Mauern errichten zu lassen, damit das Strömen ende.

[1] 17.06.
[2] 13.08.
[3] 21.11.
[4] *sic*

Dhu
wmb
Fnn
shs
do
eRs

HARDY BOUILLON

Grenzen der Freiheit und Freiheit der Grenzen

Die Grenzen der Diskriminierung aus Humescher Sicht

Darf ich meine Grenzen frei setzen, oder sind meiner Freiheit dabei Grenzen gesetzt? Darf ich willkürlich A reinlassen und B außen vor, auch dann, wenn ich nicht sagen kann oder will, warum ich A und B unterschiedlich behandle? Manche meinen »Nein«, Diskriminierungen seien rechtfertigungsbedürftig, vor allem, wenn sie willkürlich getroffen würden. Für Hume sieht das anders aus. Für ihn bedürfen Diskriminierungen nicht *per se* der Rechtfertigung, auch willkürliche nicht. Rechtfertigungsbedürftig ist für ihn nur die *Durchsetzung* (rechtliche Erzwingung) von Diskriminierungen. Er hält allein solche Diskriminierungen für gerechtfertigt, die sich für die Gesellschaft als *konstitutiv* erweisen. Hume zeigt dies am Recht. Das Recht diskriminiert zwischen Täter und Opfer, Schuldigen und Unschuldigen. Indem es dies tut, hält es die Gesellschaft zusammen. Dieser Umstand macht das Recht zu einem Beispiel für konstitutive, und daher durchsetzbare Diskriminierungen, die gerechtfertigt sind.

JnM
sBs
Uh
IuE
ZoG
mnz

ALEXANDER DÖRRBECKER

Grenzen der Freiheit
Keine Freiheit ohne Grenzen

Jede Form der Freiheit (positiv oder negativ) braucht nicht nur Grenzen, sie ist ohne Grenzen nicht denkbar.

Mit »Grenze« assoziiert man aber zunächst nicht Freiheit, sondern Unfreiheit. Grenzen sind Begrenzungen, Schranken, Barrieren oder Mauern. Gefängnisse haben Mauern. Sklaven sind in der Lebensführung beschränkt.

Und doch ist Freiheit ohne Grenzen weder zu verwirklichen, noch ist sie denkbar.

In den westlichen Gesellschaften haben die Menschen früher undenkbare Freiheiten erlangt. Doch wird die Freiheit jedes Einzelnen zum Schutz anderer begrenzt, weil man sich das Zusammenleben sonst nicht vorstellen kann. Demokratie ohne Grenzen geht verloren. Willkürlich außer Kraft gesetzte Grenzen können die Freiheit gefährden. Jede Gesellschaft muss sich Grenzen setzen – nach innen, damit ihre Mitglieder nicht kollidieren, nach außen, damit ihr Gemeinwesen nicht zerstört wird.

I C G G

P S R

R L O

G B K

R L

W L I

CARLOS A. GEBAUER

Kurztagebuch eines Lebens
in Freiheit
oder: Tanze, wo immer Du tanzen kannst!

Im öffentlichen Kindergarten frühstückten alle
    gleichzeitig.
Grundschüler fassten sich beim Ausflug an ihren Händen.
Gymnasiasten beendeten Klassenarbeiten immer
    pünktlich.
Postbedienstete stellten förmlich Musterungsbescheide zu.
Sorgsam füllten Studenten Fragebogen formatgerecht aus.
Referendare kommunizierten über Verwaltungsdienstwege.
Rechtsanwälte überwiesen pflichtschuldig
    Kammerbeiträge.
Landgerichtsvizepräsidenten ernannten
    Notariatsassessoren,
Oberlandesgerichtsvizepräsidenten später Anwaltsrichter.
Gebührenordnung und Vergütungsgesetz für Einnahmen,
Beitragssatzungen und Steuergesetze für allerlei Abgaben.
Krankenversicherungspflicht für den gesunden Körper,
Rundfunkteilnehmerbeitragspflicht
    für den gesunden Geist.
Lebensmittelüberwachung schützte gegen Gift im Essen,
wie sonst Nichtrauchergesetz
    oder Gefahrstoffverordnung...
Lebe also in tanzender Freiheit!
Im staatlichen Pflegeheim essen alle gleichzeitig zu Abend.

GERD HABERMANN

Freiheit.

Wer ist gern Sklave,
    bloßes Instrument des Willens einer Privatperson
    oder des Staates?
Individuelle Freiheit heißt Freisein
    von der Willkür eines anderen Menschen:
»Freiheit von Ketten.«
Jeder hegt den natürlichen Wunsch,
    im Rahmen von Regeln,
der zu werden, der er ist,
eine unverwechselbare Persönlichkeit zu sein.
Nur unter dieser Voraussetzung kann sich Glück,
    Lebensfreude, Schaffenskraft entfalten.
Mit der Selbstbestimmung,
    mit dem eigenen Lebensplan nach eigenen Präferenzen,
ist eine Haftung für Entscheidungen verbunden.
Freiheit gibt die Chance,
    aber nicht die Garantie eines Erfolges.
Aber auch wer arm ist, ist deswegen nicht weniger frei und
    kann sein Schicksal ins Bessere wenden.
Ein gut genährter Sklave
(»Freiheit von Not«:
die sozialistische Verheißung)
ist damit noch nicht frei.
So ist der Fuchs in den Wäldern frei,
der rundum gut versorgte Hofhund ist unfrei
    – er liegt an der Kette und muß gehorchen.

F. A. HAYEK

Kommandounternehmen gegen die Kommandeure

1944 konnte ich beschreiben, was 1961 kulminierte, was 1953 ausbrach und 1989 einbrach, was heute erneut auf der Tagesordnung in Europa steht. Der Weg in die und aus der Knechtschaft ist eine Zwangsläufigkeit des Zentralismus:

»Die oberste Planwirtschaftsbehörde würde uns nicht nur in der niedrigeren Sphäre unseres Lebens gängeln, nein, sie würde auch die Zuteilung der begrenzten Mittel für alle unsere Zwecke in die Hand nehmen. Wer also die gesamte Wirtschaftstätigkeit lenkt ... muß daher entscheiden, welche befriedigt werden sollen und welche nicht. Dies ist in der Tat der wunde Punkt. Wirtschaftliches Kommando ist nicht nur das Kommando über einen Sektor des menschlichen Lebens, der von den übrigen getrennt werden kann; es ist die Herrschaft über die Mittel für alle unsere Ziele.«

Kurz: Wer über die Mittel verfügt, muß auch bestimmen, was die Menschen glauben und wonach sie streben sollen. Menschen wollen aber nicht nur immer gehorchen.

DD
SSE
S
FEe
SDD
EDDD
RVs

RAINHARD KLOUCEK

Die Seele Europas

Die Freiheit ist die größte Leistung der Zivilisation.
Deshalb ist sie nicht selbstverständlich,
sondern muss immer wieder von neuem erkämpft werden.
Sie hat viele Feinde.
Einer der gefährlichsten ist die Bequemlichkeit.
Freiheit verlang nach Verantwortung.
Es gibt keine Freiheit ohne Verantwortung,
es gibt aber auch keine Verantwortung ohne Freiheit.
Sie ist damit ein konstituierendes Element der Subsidiarität
    und der dezentralen Ordnung.
Zentralismus ist im Gegensatz dazu die Machtübernahme
    der Bürokratie in allen Lebensbereichen.
Das bedeutet das Ende der Freiheit.
Europas Zivilisation ist auf Freiheit und Verantwortung
    gegründet.
Die christliche Kultur schuf die Voraussetzungen dafür.
Damit konnte sich die Herrschaft des Rechts entwickeln.
Recht braucht Freiheit und Verantwortung.
Verliert Europa diese Grundpfeiler,
so verliert es seine Seele und damit seine Berechtigung.

D D F
U F W
w F t
D D
W D U
A D F

KLAUS PETER KRAUSE

Freiheitspflicht und Freiheitsgrenze

Die einen suchen Freiheit und Sicherheit, die anderen ein wirtschaftlich besseres Leben. Die Menschen, die massenweise aus Afrika und islamischen Ländern vor allem nach Deutschland strömen oder, dies zu tun, noch vorhaben, bewegen unterschiedliche Motive. Für sie sind wir mit anderen westeuropäischen Staaten verständlicherweise das Gelobte Land. Unter ihnen sind aber auch solche mit politischem oder religiösem Auftrag wie Terroristen und fanatische Islamisten. Für Liberale gilt: Wer friedlich kommt, ist grundsätzlich willkommen, wer unfriedlich kommt, ist abzuweisen. Freiheitssuchende dagegen und politisch Verfolgte nicht abzuweisen, sollte sich ein freiheitliches Land verpflichtet fühlen, tut sich aber schwer damit, wenn diese Menschen in Massen kommen. Denn eine Grenze findet die Aufnahmebereitschaft in der Aufnahmefähigkeit. Doch der Beurteilungsmaßstab, mit welchen und wievielen Einschränkungen für die aufnehmenden Menschen sich die Aufnahmefähigkeit erschöpft, ist dehn- und strapazierbar. Wieviele Einschränkungen und gesellschaftliche Veränderungen sind den Menschen im Aufnahmeland, die Freiheit haben, zuzumuten zugunsten jener Menschen, die diese Freiheit nicht haben und sie im Aufnahmeland suchen? Die Abwägung ist schwer, und hängt auch von der Fähigkeit, der Bereitschaft und der Pflichtauffassung der Freiheitssuchenden ab, sich dem Aufnahmeland anzupassen und sich dort friedlich zu integrieren. Auch hier gilt: Die Freiheit hat ihre Grenzen in der Freiheit der anderen. Freilich, leicht gesagt, doch schwer getan.

VERA LENGSFELD

Freiheit ist das Einzige, was zählt

Wenn ich dieses Lied von Marius Müller Westernhagen
    höre,
wie er es 1988 in Ostberlin
vor tausenden Menschen vorgetragen hat,
treibt es mir heute noch die Tränen in die Augen.
Die Ostberliner, die diese Zeile gesungen haben,
wussten noch, dass es Freiheit war, was ihnen fehlte.
Ein Jahr später haben sie sich diese Freiheit genommen,
indem sie die Mauer zu Fall brachten.
Aber nicht die Tanzenden
auf dem eben noch tödlichen »Antifaschistischen Schutz-
    wall«
wurden zum Symbol des neuen Deutschland,
Westenhagens Lied nicht zu seiner Hymne.
Freiheit wurde schnell »wieder abbestellt«
    und durch Wohlstand ersetzt.
Freie Menschen brauchen keine Macht,
    keinen fürsorglichen Staat,
    Niemanden, der für sie denkt.
Der Freie übernimmt die Verantwortung
    für sein Leben selbst.
Er denkt und entscheidet unabhängig.
Freiheit ist die einzige Antwort auf den
    Wohlstandsdespotismus.

FFD
GGW
DWA
GAI
DWW
Ff

MICHAEL VON PROLLIUS

Freiheit braucht
und verschiebt Grenzen

Freiheit und Grenzen bilden ein unzertrennliches Paar.
Freiheit grenzt an Freiheit, die Grenze schützt die Freiheit.
Die Freiheit des einen wird mit der des anderen vereinbar.
Grenzen bedürfen Freiheit, sonst unterdrücken sie.
Grenzen sind kein Selbstzweck, sie dienen der Freiheit.
Wenn Güter Grenzen nicht überschreiten,
    tun das Soldaten.

Die Trennlinie ist die Herausforderung, immer wieder.
Wo Grenzen ziehen? Wen ausgrenzen? Wen schützen?
Außerdem: Wer zieht die Grenze? Wer schützt sie? Wie?
Grenzen müssen gesichert werden und durchlässig sein.
Anpassungen betreffen Verlauf, Form und Durchlässigkeit.
In Europa finden erhebliche Grenzverschiebungen statt.
Das unzertrennliche Paar ist nicht mehr *en vogue*.

Wir brauchen Freiheit, um über uns hinaus zu wachsen.
Wir brauchen Grenzen der Freiheit – verschieben wir sie.
Freiheitsfreunde sind wie Ebbe und Flut
    – wir kommen immer wieder
für die bestmögliche Bildung der Kräfte.

D E
E D D
W F W
D D D
D E E
D B Z

JOACHIM STARBATTY

Keine Freiheit ohne Grenzen

Der Rechtsstaat setzt Individuen und der politischen Klasse Grenzen. Er gewährt Freiheit. Er schützt die Menschen vor der Willkürpolitik der Macht. Individuen können die Konsequenzen ihres Handelns abschätzen. Dies ist die Grundlage für individuelles und allgemeines Wohlergehen. Wer frei ist, ist für die Folgen seines Tuns verantwortlich. Freiheit und Haftung gehören zusammen. Wer nicht mehr für seine Entscheidungen haftet, verliert seine Freiheit. Dieser Prozess vollzieht sich gerade in der europäischen Währungsunion. Die Politiker der Eurozone haben die »no bail out«-Klausel vom Tisch gewischt, damit kein Mitgliedstaat der Währungsunion Konkurs gehen kann. Doch treten sie die Hoheit über ihre Politik und die Gläubigerstaaten ab. Das erlebt gerade Griechenland. Es wehrt sich und verweigert sich den entscheidenden Reformauflagen. Es gewinnt aber nicht Freiheit zurück, vielmehr verelendet die griechische Bevölkerung. Doch kehrt die Politik in der Währungsunion nicht zu nationaler Verantwortung zurück, sondern will die wirtschaftlichen Risiken – Einlagensicherungssystem für Banken und Sparkassen, Arbeitslosenversicherung, zentraler Haushalt für die Eurozone – vergemeinschaften. Bei Vergemeinschaftung der Risiken fühlt sich niemand verantwortlich. Zentralisierung, Auflagen, Zwang und Verlust der Freiheit werden die Folge sein.

DS
ePz
d D
H p
ZuZ
D F

NORBERT F. TOFALL

Polarisierung
durch Problemverschleppung

Die Problemverschleppungen vor und insbesondere
seit der Finanzkrise haben in den westlichen Gesellschaften
eine enorme politische und gesellschaftliche Polarisierung
    hervorgerufen.
Populisten von Links und Rechts nutzen diese
    Polarisierung
zum »Kampf gegen das System« und behaupten,
die »wahren Interessen des Volkes« zu vertreten.

Doch wer kann die wahren Interessen des Volkes
    erkennen?

Hinter dieser Anmaßung soll versteckt bleiben,
    daß es wie immer nur darum geht,
politische Herrschaft, Ämter und Einkommen
    für sich selbst zu gewinnen.
Zu diesem Zweck werden politische Institutionen
    verächtlich gemacht
und Sachfragen als Vehikel im Kampf gegen das System
    mißbraucht.
Ziel ist nicht die Lösung von Problemen,
    sondern der Kulturkampf um jeden Preis.
Die Polarisierung durch Problemverschleppung wird so
    weiter angeheizt.

Für die Freiheit verheißt das nichts Gutes.

DDS
DNW
ABN
GW
MOS
DJG

ERICH WEEDE

Selbsteigentum, Exklusivität und Freiheit

Der Mensch gehört sich selbst, keinem Kollektiv oder Staat. **D**ann gehören auch die Früchte der eigenen Arbeit dem Individuum, nicht dem Staat. **S**taatliche Übergriffe (wie Steuern) bedürfen besonderer Rechtfertigung. **D**ie kann nur aus der Notwendigkeit der Anerkennung der Eigentums- und Freiheitsrechte durch Andere abgeleitet werden. **N**icht der eigene Anspruch, sondern erst die Anerkennung durch Andere macht Rechte aus. **W**arum können und sollten Andere meine Rechte anerkennen? **A**us Eigeninteresse, nach dem Gegenseitigkeitsprinzip, um Gewalt zu minimieren und produktive Tätigkeit zu ermöglichen. **B**eruht die gegenseitige Anerkennung von Rechten tatsächlich auf rationaler Vereinbarung? **N**ein, das ist nur die Rechtfertigung. Die gegenseitige Anerkennung beruht auf Gewohnheiten und Traditionen. **G**ewohnheiten und Traditionen sind damit die Basis von Eigentum und Freiheit. **W**as gefährdet Eigentum und Freiheit? **M**assenzuwanderung von Menschen mit anderen Gewohnheiten und Traditionen. **O**ffene Grenzen gefährden Eigentum und Freiheit. Exklusion ist eine soziale Notwendigkeit. **S**taatsaufgaben sind die Durchsetzung der Anerkennung der Freiheits- und Eigentumsrechte der Bürger und die Sicherung der Grenzen. **D**ie Zwangsanstalt Staat sollte alle karitativen Aufgaben Individuen und frei- willigen Zusammenschlüssen überlassen. **J**e mehr der Staat über den Minimalstaat hinauswächst, desto mehr wird er ein Übel. **G**egenüber Außenstehenden hat der Staat nur die Pflicht zum Gewaltverzicht.

Sonderbeiträge

WALTER ULBRICHT

planmäßiger
aufbau des sozialismus

mein freund, der plan!
planmäßiger aufbau des sozialismus
unplanmäßiger aufstand gegen den sozialismus
planmäßiger aufbau des sozialismus
planmäßiger aufbau der mauer um den sozialismus
unplanmäßige unregelmäßigkeit
    in einem kleinen bruderland
planmäßiger aufbau des sozialismus
unplanmäßige entmachtung meiner person
planmäßiger aufbau des sozialismus
unplanmäßige umgestaltung im großen bruderland
stockender aufbau des sozialismus
unplanmäßiger abbruch des aufbaus des sozialismus
wenn ich durch die straßen gehe
und etwas neues, schönes sehe
weis' ich stolz darauf:
das hat mein freund getan!
mein freund, der plan!

In Verruf geraten

Am 17. Juni 1953 wurde ein Aufstand von Arbeitern
durch eine »Nationale Volksarmee« niedergeschlagen
Die Niederschläger meinten wohl
hierbei sich auf Mich berufen zu dürfen
Warum wohl, meinten sie, hatte Ich einst geschrieben
im Kommentar zum »Französischen Bürgerkrieg«, 1871:
Die Fraktionen und Parteien der herrschenden Klassen
die abwechselnd um die Herrschaft kämpften
sahen die Bemächtigung dieser ungeheuren
    Regierungsmaschinerie
als die hauptsächliche Siegesbeute an
Im Mittelpunkt ihrer Tätigkeit stand die Schaffung
    ungeheurer stehender Armeen
einer Masse von Staatsparasiten
    und kolossaler Staatsschulden.
Das Volk brauchte nur mit der stehenden Armee
    Schluss zu machen
das ist die erste ökonomische conditio sine qua non
    für alle sozialen Verbesserungen
um diese Quelle von Steuern und Staatsschulden
    sofort zu beseitigen
Das ist die Emanzipation des Bauern von der Blutsteuer
    und davon
die ergiebigste Quelle für alle staatliche Besteuerung
    und Staatsschulden zu sein.

MURRAY N. ROTHBARD

Verbotswirtschaft des Verbotsstaats

In den 1950er und 1960er Jahren habe ich mich intensiv mit dem Sozialismus beschäftigt. Ich war noch keine 30 Jahre alt, als sich die Arbeiter des Arbeiterstaats erhoben, und im besten Alter, als ein Staatsratsvorsitzender sie gemeinsam mit den Bauern einmauern ließ. #Check Your Privilege: *Darüber hinaus sollte man bemerken, dass eine zentral »geplante« Wirtschaft eine zentrale Prohibitionswirtschaft ist. Das Wort »Sozialingenieure« ist eine schlechte Metapher, da auf dem Reißbrett der Ingenieure Menschen verplant werden und nicht leblose Maschinen. Und da jeder Mensch von Natur aus (wenn auch nicht immer vom Gesetz aus) ein Individuum ist, ein Selbsteigentümer und ein Selbstläufer – also ein Selbstmotivator, hindert die Zentrale, die ihre Befehle, wie sie es im Sozialismus nicht anders sein kann, mit Zwang und Gewalt durchsetzt, das Individuum daran, dass es das macht, was es liebsten tut oder von dem es meint, es passe am besten zu ihm.* Die Mauer, sie macht die DDR – zum Freiluftstaatsgefängnis.

Wolfgang Allehoff, Unternehmer, Unternehmensberater, Mitglied der Hayek Gesellschaft.

Anonymus, lebt aus Angst vor der Maasregelung im gemeindeutschen Samisdat.

Philipp Bagus, Professor an der Universidad Rey Juan Carlos in Madrid und Mitglied der Hayek Gesellschaft.

Kristof Berking, Jurist, Journalist, Filmemacher, Mitglied der Hayek Gesellschaft.

Stefan Blankertz, Wortmetz, Lyrik und Politik für Toleranz und gegen Gewalt.

Hardy Bouillon, apl. Professor an der Universität Trier, Mitglied der Hayek Gesellschaft sowie Fellow Liechtenstein Academy.

Alexander Dörrbecker, Jurist, Referatsleiter im Bundesministerium der Justiz und für Verbraucherschutz, Mitglied der Hayek Gesellschaft.

Carlos A. Gebauer, Rechtsanwalt, Richter, Publizist und stellvertretender Vorsitzender der Hayek Gesellschaft.

Gerd Habermann, (Honorar-)Professor an der Universität Potsdam, Publizist und geschäftsführender Vorstand der Hayek Gesellschaft.

F. A. Hayek, Nobelpreisträger und Namensgeber der Hayek Gesellschaft und Stiftung.

Rainhard Kloucek, Generalsekretär der Paneuropabewegung Österreich, Journalist, Mitglied der Hayek Gesellschaft und des Lord Acton Kreises.

Klaus Peter Krause, pensionierter Wirtschaftsredakteur der »Frankfurter Allgemeine Zeitung« und FAZit Stiftung, Mitglied der Hayek Gesellschaft.

Vera Lengsfeld, Bürgerrechtlerin, Politikerin, Publizistin und Mitglied der Hayek Gesellschaft.

Karl Marx, Redakteur der »Rheinischen Zeitung«.

Michael von Prollius, Publizist, Gründer von »Forum Freie Gesellschaft«, Mitglied der Hayek Gesellschaft und des Stiftungsrates der Hayek Stiftung.

Murray N. Rothbard, Left & Right Journal, editor.

Joachim Starbatty, Professor emeritus Universität Tübingen, Politiker (MEP) und Mitglied der Hayek Gesellschaft.

Norbert F. Tofall, Analyst »Flossbach von Storch Research Institute«, Vizepräsident des Austrian Institute of Economics and Social Philosophy in Wien und Mitglied der Hayek Gesellschaft sowie des Stiftungsrates der Hayek Stiftung.

Walter Ulbricht, sozialistischer Staatsentwickler und Mauerbauer.

Erich Weede, Professor emeritus Universität Bonn, Mitglied der Hayek Gesellschaft und des Stiftungsrates der Hayek Stiftung.

Stefan Blankertz
Das illustre Maodeking:
Anleitung zur Politik der Achtsamkeit

Ein achtsamer Umgang mit den Opfern der Politik und den Mitteln des Kriegs verbietet jedes Relativieren. Dass die »andere« Seite auch Terror ausgeübt habe, ist kein moralischer Freispruch, egal für welche Ideologie, Religion oder noch so herrliche Zukunftsvision.
Lebe dein Trauma! Das Maodeking, ein postmodernes Weisheitsbuch. Zu lesen wie ein spirituelles Retreat. Immer noch werden die Opfer des »wohlmeinenden« Kommunismus als Opfer zweiter Klasse gegenüber Opfern des Nationalsozialismus und Faschismus behandelt. Gegen solche menschenverachtende Haltung ist *Das Maodeking* angeschrieben.
Eine Montage von lyrisch verfremdeten Zitaten aus dem *Tao te king*, der *Bibel*, dem *Koran*, aus dem Kriegstagebuch irgendeines unbekannten Soldaten irgendeines Schlachtfeldes im 20. Jahrhundert, von Joseph Stalin und Mao Tse-tung über Heinrich Mann und Heinrich Himmler bis zu Ernesto »Che« Guevara und Jean Paul Sartre, konfrontiert mit den grausigen Fakten der durch den Staat Ermordeten – ein empörter Aufschrei gegens Morden namens »Menschlichkeit«.
Die dreizehn Pop-Art-Farbtafeln nebst den launischen Kommentaren dieser Ausgabe in Hardcover und mit Fadenheftung des Paperbacks von 2014 lassen es zum *illustren* Maodeking werden.

13 farbige Illustrationen, Hardcover, Fadenheftung
edition g. 308 · ISBN 978-3-7412-7213-4